SLOW TRAVEL – EINE BEGRIFFSDEFINITION

Unsere moderne Gesellschaft ist gekennzeichnet von einer wachsenden Nachfrage nach unterschiedlichsten Erlebnisprodukten, was sich vor allem auch in der Tourismusbranche bemerkbar macht. Wir buchen Erlebnisurlaube, übernachten in einem Erlebnishotel und sind ständig auf der Suche nach Spaß und Abenteuer. In der letzten Zeit hat sich aber dazu auch eine Gegenströmung entwickelt, die ganz nach dem Motto „Less is more" agiert und auch als Slow-Travel-Bewegung bezeichnet wird. Realisiert werden kann diese Form des Reisens sowohl in der Stadt als auch in der freien Natur, denn sie zielt darauf ab, das Tempo zu reduzieren und Erlebnisse bzw. Sehenswürdigkeiten auf ganz andere Art und Weise wahrzunehmen. Im Mittelpunkt stehen der Genuss, das Anhalten und Pausieren und nicht nur das bloße Abhaken von Sehenswürdigkeiten und das Hetzen von einem Monument zum nächsten.

In einer Welt des Multitaskings haben es viele von uns verlernt, den Blick auf Details zu richten und auch Stille und Langsamkeit aushalten zu können. Zeitverschwendung ist mittlerweile zu einer Kunst geworden, zu der viele von uns kaum mehr Zugang haben, da unser hektischer und durchstrukturierter Alltag wenig Möglichkeiten bietet, sich auf nur eine Sache konzentrieren zu können bzw. sich auch einmal nur der Muße hinzugeben. Genau hier setzt die Slow-Travel-Bewegung an: Sie möchte Reisende dazu anregen, weniger nach Action zu streben, sondern bewusster zu konsumieren und Wertschätzung wieder richtig zu erlernen, wodurch mehr Fokussiertheit und Entschleunigung erzeugt wird und alle Sinne geöffnet werden.

Ein weiteres Schlagwort ist Authentizität. Wer langsam reist, möchte in die Kultur und in die Gewohnheiten der Einheimischen eintauchen und interessante Gespräche führen. Ein Slow-Traveller

lässt seine Sightseeing-Checklisten zuhause und genießt stattdessen das Leben vor Ort. Er ist ohne Reiseführer und Stadtplan unterwegs und überlässt sein Ziel dem Zufall. Diese Haltung kann natürlich auch in den Alltag integriert werden, indem man beispielsweise einmal einen anderen Weg zur Arbeit wählt oder eine Wanderung ohne bestimmtes Ziel vor seiner eigenen Haustüre beginnt.

Auch der britische Reiseschriftsteller Dan Kieran hat sich in seinem Buch "Slow Travel" mit dieser Art des Reisens auseinandergesetzt. Er selbst hat dabei verschiedenste Fortbewegungsmethoden ausprobiert wie beispielsweise mit dem Zug, dem Floß, mit einem Milchwagen oder auch zu Fuß. Dabei geht es ihm vor allem um den Zufall, um das Loslassen-Können: *"Die richtigen Erlebnisse passieren immer zufällig. Man geht mit Plänen los, aber es geht nicht darum, das zu sehen, von dem man schon vorher wusste, dass es da ist. Die Dinge, an die man sich erinnern wird, sind diejenigen, die man nicht vorhersehen kann."*

Kieran empfiehlt darüber hinaus auch alleine zu reisen, denn nur so hat man die Möglichkeit, die Langsamkeit in den Fokus zu stellen. Wer alleine unterwegs ist, spricht sehr wenig und das ist bereits äußerst meditativ. Wichtig ist es außerdem, sich auf die Zeitvorstellung des Kairos einzulassen. Kairos ist ein griechischer Gott, der für die Zeit zuständig ist, die nicht messbar ist, für Momente, die alles verändern, oder auch für verpasste Gelegenheiten. Auf Kairos geht auch das bekannte Carpe Diem zürück, er steht für getroffene oder nicht getroffene Entscheidungen bzw. spontane Taten. Kieran ist dabei der Meinung, dass man sich gerade im Urlaub diesem Gott voll und ganz hingeben sollte: *"Wenn man ihn kommen sieht, muss man ihn beim Schopfe packen, um ihn aufzuhalten und die flüchtige Gelegenheit ergreifen, die er mit sich bringt. Wenn man aber zögert und nicht handelt, läuft er vorbei, man kann ihn nicht zurückholen, und der Augenblick ist für immer verloren."*

DIE WAHRNEHMUNG SCHULEN

Wir befinden uns im 19. Jahrhundert. An einem Herbsttag beobachtet ein Mann in einem Londoner Straßencafé die vorbeieilenden Passanten, unter ihnen Arbeiter, Angestellte und Adelige. Nach einiger Zeit bemerkt er einen alten Mann und folgt ihm. Der Alte scheint getrieben zu sein, er eilt durch Straßen und über Plätze, stundenlang, bis beide – Verfolger und Verfolgter – wieder beim Café ankommen, in dem der Mann den Alten entdeckt hat. Der Erzähler versucht, sich dem alten Mann in den Weg zu stellen, doch dieser ignoriert ihn und läuft weiter. Ausgedacht hat sich diese sonderbare Geschichte Edgar Allan Poe und sie erschien im Jahr 1840 unter dem Titel „The Man of the Crowd" („Der Mann in der Menge"). Gleichzeitig war die Geschichte auch die Geburtsstunde des sogenannten Flaneurs (flaner = schlendern, umherstreifen).

Auch der französische Literat Charles Baudelaire war von dieser Geschichte hingerissen und er etablierte den Flaneur in der Literatur als jemanden, der sich seine Zeit damit vertrieb, in der Stadt herumzuschlendern und dabei zwar Teil einer Menschenmenge war, aber dennoch individuelle Eindrücke sammeln konnte. In den Städten entstanden zu dieser Zeit Einkaufspassagen, in denen vorwiegend Dandys ihre Zeit verbrachten und sich damit gegen den Stress der Großstädte richteten. Auch der Philosoph Walter Benjamin setzte sich mit dem „Flanieren" auseinander und übernahm den Terminus des Flaneurs von Baudelaire. Für ihn war ein Flaneur aber weit mehr als nur ein Spaziergänger in der Großstadt. In seinem sogenannten „Passagen-Werk" entwickelte er den Begriff weiter zu einem Konzept, den urbanen Alltag auf eine ganz besondere Art und Weise wahrzunehmen, was auch seine Charakterstudien beweisen.
Auch für mich spielt dieses genaue Hinsehen und Entdecken, wenn ich – egal ob in bekannten oder unbekannten Regionen – unterwegs bin, eine sehr wesentliche Rolle. Für mich bedeutet es, nicht einfach nur mit einem Reiseführer auszuschwärmen, um eine

Sehenswürdigkeit nach der anderen abhaken zu können, sondern sich treiben zu lassen, keine Eile zu haben und Eindrücke zu sammeln. Natürlich ist das kein einfaches Unterfangen, denn in unserem Alltag haben wir immer ein Ziel: Wir müssen zur Arbeit, eilen zum Mittagessen, ins Fitnessstudio oder zu einem Treffen mit Freunden. Man darf zwar kurz verschnaufen, aber diese Pause sollte nicht lange dauern, da sonst sehr bald die Frage auftaucht: „ Hast du heute nichts zu tun?"

Das Ziel für unsere nächste Reise könnte daher sein, sich vorzunehmen, seine Wahrnehmungsfähigkeit zu schulen: Märkte, Plätze oder Gebäude einmal ganz genau betrachten, Menschen beobachten, die Atmosphäre eines Ortes in sich aufnehmen und versuchen, das Gesehene auch in Worte zu fassen. Auch das bemerke ich bei mir selbst: An manchen Tagen fühle ich mich so abgestumpft und leer, sodass ich nicht in der Lage bin, die richtigen Worte für bestimmte Situationen zu finden. Dann aber gibt es Tage, an denen ich staune, wie bereichernd es für mich selbst ist, genau hinzusehen und das Wahrgenommene auch möglichst detailgetreu zu beschreiben. Es macht mich dankbarer und demütiger dem Leben gegenüber, da ich in solchen Augenblicken die Dinge als nicht selbstverständlich betrachte.

Ein Flaneur ist also niemand, der verschlossen durch die Welt spaziert, sondern – im Gegenteil – der Welt zugewandt und entspannt ist. Er trödelt, lässt sich treiben, eine Eigenschaft, die wir uns in unserer Leistungsgesellschaft erst wieder aneignen müssen und die meist nur von Kindern richtig gut beherrscht wird. Durch das Flanieren können wir lernen, nicht ständig auf die Uhr oder unser Mobiltelefon zu schauen, sondern wahrzunehmen, was gerade um uns herum passiert. Man sieht kaum etwas, wenn man in Eile ist, und das ereignet sich auch gerade beim Reisen sehr oft. Wir stehen kurz vor einer Sehenswürdigkeit, machen ein Foto und müssen dann aber schnell weiter, denn sonst können wir das Programm, das wir uns vorgenommen haben, nicht bewältigen. Und wozu haben wir dann diese teure Reise gebucht?

Bereits Franz Hessel beobachtete in den 20er-Jahren das Gehetztsein der Menschen, als er sagte: „Hier geht man nicht, sondern wohin." Was so viel bedeutet, dass man stets ein Ziel haben und einen Zweck verfolgen muss. Startet also bei eurem nächsten Trip oder einfach auch nur bei eurem nächsten Spaziergang den Versuch: Geht auf Entdeckungsreise, lasst euch von Zufällen lenken und die Bilder auf euch wirken!

Keinen Plan haben

Jeder von uns hat bereits des Öfteren einen Spaziergang unternommen. Ich gehe häufig spazieren, um meinen Kopf frei zu bekommen und um frische Luft zu tanken. Sehr häufig wähle ich dabei Wege, die mir bereits bekannt sind. Es gibt aber auch Tage, da komme ich gerne ein bisschen vom Weg ab, wähle eine Abzweigung, die ich noch nicht kenne oder bleibe einfach länger an einem Platz stehen. Funktioniert natürlich auch sehr gut beim Reisen. Das heißt: Ich plane nicht jeden Tag aufs Genaueste durch, sondern lasse auch Platz für Überraschungen, für eventuelle Planänderungen.

Natürlich kann man nicht vollständig ziellos eine Reise planen: Man muss Flüge buchen, ein Auto mieten oder Zugverbindungen einhalten. Aber man kann sich immer wieder daran erinnern, dass man keine Eile und keinen Stress hat, dass man von Neugierde angetrieben wird und sich auch Fragen stellt wie: „Wohin mag diese Straße wohl führen?" oder „Was ist das für ein interessantes Geschäft?". Es ist großartig und spannend, kleine Läden zu betreten, Plattengeschäfte oder alte Buchhandlungen. Auf diese Art und Weise habe ich auch die Libreria Aqua Alta in Venedig entdeckt. Nicht weil ich darüber in einem Reiseführer gelesen habe, sondern weil ich einfach planlos durch die Gassen geschlendert bin. Dabei geht es gar nicht darum, etwas zu kaufen, sondern sich einfach nur überraschen zu lassen, was in unbekannten Geschäften angeboten wird.

Planloses Gehen funktioniert aber auch, wenn ihr auf einem Wanderweg unterwegs seid. Natürlich habt ihr ein vorgegebenes Ziel, eine bestimmte Richtung. Ihr könnt aber immer wieder einmal an einem besonders schönen Platz stehen bleiben und ihn genießen oder für einige Minuten die frische Waldluft einatmen. Wenn man langsam wandert, verändert sich unser Sehen und Hören, wir entdecken Dinge, die wir in unserem Alltagsgeschehen oft gar nicht mehr wahrnehmen bzw. schon lange nicht mehr bewusst gesehen haben. Seid daher auf euren Reisen auch mal planlos, lasst euch treiben und seid gespannt darauf, was ihr entdeckt!

Stellen Sie Fragen!

"Fragen sind ein unglaublich mächtiges Instrument. Sie können Autoritäten erschüttern und etablierte Strukturen und Systeme zerrütten. Sie können Erfolgsgeschichten schreiben. Und sie können dazu führen, ein erfüllterer, neugieriger und interessanterer Mensch zu werden", erklärt Warren Berger, der das Buch "Die Kunst des klugen Fragens" herausgegeben hat. Für sein Buch hat Berger die Strategien von sehr kreativen Köpfen und Unternehmern wie Larry Page oder Steve Jobs untersucht und herausgefunden, dass sie alle über die Fähigkeiten des richtigen Fragenstellens verfügen.

Kinder verfügen intuitiv über diese Fähigkeit. Laut dem Kinderpsychologen Paul Harris, der an der Harvard University tätig ist, stellt ein Kind zwischen zwei und vier Jahren ungefähr 40.000 Fragen, durch die es Informationen erhalten möchte. Kommen diese Kinder in die Schule, so ist eine Veränderung feststellbar, denn plötzlich möchten sie viel weniger wissen, obwohl der Lehrer wahrscheinlich viele Fragen beantworten könnte. In der Mittelschule hören die Schülerinnen und Schüler dann fast vollständig auf zu fragen, da fragende Kinder oftmals als sehr anstrengend empfunden werden. Die Fähigkeit Fragen zu stellen ist jedoch für den weiteren Bildungsweg von großer Wichtigkeit, da eine moderne Wirtschaft vor allem Menschen benötigt, die unabhängig denken und kreativ sein können.

Stuart Firestein ist dabei der Ansicht, dass ein guter Fragensteller sich zunächst einmal eingestehen muss, etwas nicht zu wissen, sodass er eine Frage anschließend nutzen kann, um etwas Neues zu entdecken und ein eingefahrenes Denkmuster zu verändern. Darüber hinaus wird auf diese Weise auch der Verstand geschult und man kann auch ausgefallene Möglichkeiten in Betracht ziehen. Werden Dinge nicht hinterfragt, so ist das laut Berger ein Zeichen dafür, dass man ihnen nicht genug Aufmerksamkeit schenkt und sie als selbstverständlich ansieht.

Auch die Aktivistin Fran Peavey beherrschte die Technik des sogenannten "strategischen Fragens" sehr gut. Wenn sie auf Reisen war, hatte sie immer ein Schildmit dabei, das sie beispielsweise an Bahnhöfen in die Höhe hielt und auf dem stand: "Kann man Menschen durch Fragen näherkommen?" Auf den ersten Blick scheint diese Einladung seltsam zu sein, aber die Leute zeigten sich durchaus sehr interessiert und so konnte Peavey auf diese Weise unzählige Interviews führen. Die Aktivistin war der Ansicht, das man mit den richtigen Fragen in einen sinnvollen Dialog treten könne, wobei die Fragen offen und neugierig oder auch provokativ sein sollten.

Fragen können aber auch auf Reisen eine wichtige Rolle spielen. Sie können uns dabei unterstützen, genauer hinzusehen, Dinge aus einer anderen Perspektive zu betrachten und neue bzw. andere Denkräume zu eröffnen, ein Ziel, das auch dieses Fragebuch verfolgt. Wohin ihr reist, spielt dabei keine Rolle. Packt es mit in eure Handtasche und schlagt es unterwegs auf. Ihr müsst dabei nicht immer alle Fragen beantworten, sondern könnt einfach frei wählen, welche euch gerade zusagen. Reflektiert dann über eure Erlebnismomente, eure Emotionen und Empfindungen und macht euch gerne auch Notizen dazu, damit ihr über eure Beobachtungen auch später noch einmal nachdenken könnt. Lasst euch treiben und vor allem: Nehmt euch Zeit, um neue Eindrücke, Farben oder Gerüche auf euch wirken zu lassen!

FRAGEN FÜR UNTERWEGS

WAS SIEHST DU GERADE

und

WELCHE FARBEN

nimmst du wahr?

WELCHE GERÜCHE

liegen in der Luft
und

empfindest du sie

als angenehm?

Welches Lied

fällt dir ein,

da wo du gerade

STEHST?

Warum bist du hier?

Was bezeichnest **du als** SEHENSWERT**?**

Kommt dir das,
was du gerade siehst,
bekannt vor?

Muss man an diesem Ort
GEWESEN SEIN?
Warum?

Welche Menschen siehst du **GERADE**? Sind sie dir **sympathisch** oder unsympathisch?

Wirf **auch einen Blick** nach oben. Wie fühlst du dich, **wenn du** DEN WOLKEN NACHSCHAUST?

WELCHER PERSON

würdest du hier an diesem

Ort

gerne begegnen?

Könntest du dir **vorstellen,** **DIESEN ORT** HIER ALS HEIMAT *zu bezeichnen?*

Welche Geräusche

nimmst du gerade *wahr?*

Was erstaunt dich

BESONDERS?

Wenn du ein Buch über diese Reise schreiben würdest, **WELCHEN TITEL** würdest du wählen?

Höre genau hin.
In welchen Sprachen
kommunizieren die
Menschen rund um dich?

Wie empfindest du
das Licht,
da wo du *gerade stehst?*

Worüber *unterhalten*
sich die Menschen
NEBEN DIR?

Bist du OFFEN für Neues?

Was geht dir gerade durch den Kopf?

Was willst du

HERAUSFINDEN?

Fühlst du dich HIER eher frei ODER UNFREI?

Fotografierst **DU**

GERNE auf Reisen?

Was macht ein gutes

foto aus?

Wie würdest du deine Reise in einem Wort beschreiben?

ZÄHLST DU deine
Schritte?

Was bringst du *von deiner*

REISE MIT?

Was auf keinen Fall?

Mit welchem berühmten
Reisenden würdest du jetzt
gerne hier stehen?

Warum?

Hast du *Heimweh?*

Welche Momente **waren heute**
FÜR DICH
WESENTLICH?

WAS HAST DU **heute** gelernt?

Wie glaubst du hat es vor 100

JAHREN HIER

AUSGESEHEN?

Welche Geschichte
WÜRDE GUT ZU
DIESEM Ort passen?

IST DIESER ORT

klischeebehaftet?

SCHREIBST DU NOCH

POSTKARTEN?

Warum? Warum nicht?

BIST DU IMMER zur richtigen Zeit AM RICHTIGEN ORT?

Hast du **VORURTEILE**
GEGENÜBER unbekannten
Ländern und
Menschen?

Was bedeutet es für dich
zu verreisen?

WAS BEDEUTET ES FÜR DICH ANZUKOMMEN?

HINTERLÄSST DIESER
ORT EINEN BLEIBENDEN
EINDRUCK?
WARUM?

WAS MACHST DU MIT DEN ERINNERUNGEN AN DIESE REISE?

WOHIN SOLL DEINE NÄCHSTE REISE GEHEN?

LITERATURZEICHNIS

Charles Baudelaire: Die Blumen des Bösen. DTV-Verlag, 1997.

Dan Kieran: Slow Travel. Die Kunst des Reisens. Rogner & Bernhard GmbH & Co Verlags KG, Berlin 2013.

Franz Hessel: Spazieren in Berlin. Neu hrsg. Von Moritz Reininghaus. Berlin 2011.

Hanns-Josef Ortheil: Schreiben auf Reisen. Duden Verlag, Mannheim 2012.

Laurie Lee: An einem hellen Morgen ging ich fort. Kindler, München 1970.

Sten Nadolny: Die Entdeckung der Langsamkeit. Piper Verlag, München 2015.

Walter Benjamin: Das Passagen-Werk. Suhrkamp Verlag, 1982.

Warren Berger: Das Buch der klugen Fragen. Piper Verlag, 2017.

Winfried Hille: Slow. Die Entscheidung für ein entschleunigtes Leben. Gütersloher Verlagshaus, Gütersloh 2016.

ÜBER DIE AUTORIN

Meine Lebensräume: Meine kleine, aber gemütliche Wohnung. Kaffeehäuser und ausgesuchte Lokale. Gemütliche Kinosessel. Die freie Natur. Einsame Strände. Mein Bett mit einem Stapel Magazinen oder guter Bücher.

Beschäftigung: Arbeiten. Schlafen. Lesen. Malen. Reisen. Fotografieren. In die Sterne schauen. Gute Gespräche führen. Schreiben.

Grundsätzliche Bedürfnisse: Träume. Tiefsinn. Liebe. Zärtlichkeit. Freiheit. Herz. Leben. Nähe...und den passenden Abstand dazu.

Dinge, die zu mir passen: Bücher. Pinsel. Papier. Schreibzeug. Gummibärchen. Ängste. Bestimmte Lieder für bestimmte Momente. Jeans. Turnschuhe. Leinwände. Bunte Postkarten. Fotos. Schokolade. Farben. Kaffee und Zeitung am Morgen.

Dinge, die ich sehr häufig verdränge: Zukunftspläne. Trennungen. Versagens- und Verlustängste. Krankheiten. Politik. Arztbesuche.

Meine Lebensaufgaben: Der Mensch zu werden, der ich sein will. Träume verwirklichen. Erfahrungen sammeln. Dinge anfangen und auch zu Ende bringen.

Meine Ängste: Etwas zu verpassen. Nicht gut genug zu sein. Einsamkeit. Wichtige Menschen zu enttäuschen und selbst enttäuscht zu werden.

Rollen auf der Bühne des Lebens: Tochter. Schwester. Freundin. Hüterin meiner Bücher. Texterin. Die Zuhörerin. Die Vorleserin. Die Zukunft.

PLATZ FÜR NOTIZEN

Herstellung und Verlag:
BoD – Books on Demand, Norderstedt
ISBN: 978-3-7460-9534-9